Nº	Data	Entradas	Saídas	Descrição	SALDO

I0397285

Nº	Data	Entradas	Saídas	Descrição	SALDO

Nº	Data	Entradas	Saídas	Descrição	SALDO

Nº	Data	Entradas	Saídas	Descrição	SALDO

Nº	Data	Entradas	Saídas	Descrição	SALDO

Nº	Data	Entradas	Saídas	Descrição	SALDO

Nº	Data	Entradas	Saídas	Descrição	SALDO

Nº	Data	Entradas	Saídas	Descrição	SALDO

Nº	Data	Entradas	Saídas	Descrição	SALDO

Nº	Data	Entradas	Saídas	Descrição	SALDO

Nº	Data	Entradas	Saídas	Descrição	SALDO

Nº	Data	Entradas	Saídas	Descrição	SALDO

Nº	Data	Entradas	Saídas	Descrição	SALDO

Nº	Data	Entradas	Saídas	Descrição	SALDO

Nº	Data	Entradas	Saídas	Descrição	SALDO

Nº	Data	Entradas	Saídas	Descrição	SALDO

Nº	Data	Entradas	Saídas	Descrição	SALDO

Nº	Data	Entradas	Saídas	Descrição	SALDO

Nº	Data	Entradas	Saídas	Descrição	SALDO

Nº	Data	Entradas	Saídas	Descrição	SALDO

Nº	Data	Entradas	Saídas	Descrição	SALDO

Nº	Data	Entradas	Saídas	Descrição	SALDO

Nº	Data	Entradas	Saídas	Descrição	SALDO

Nº	Data	Entradas	Saídas	Descrição	SALDO

Nº	Data	Entradas	Saídas	Descrição	SALDO

Nº	Data	Entradas	Saídas	Descrição	SALDO

Nº	Data	Entradas	Saídas	Descrição	SALDO

Nº	Data	Entradas	Saídas	Descrição	SALDO

Nº	Data	Entradas	Saídas	Descrição	SALDO

Nº	Data	Entradas	Saídas	Descrição	SALDO

Nº	Data	Entradas	Saídas	Descrição	SALDO

Nº	Data	Entradas	Saídas	Descrição	SALDO

Nº	Data	Entradas	Saídas	Descrição	SALDO

Nº	Data	Entradas	Saídas	Descrição	SALDO

Nº	Data	Entradas	Saídas	Descrição	SALDO

Nº	Data	Entradas	Saídas	Descrição	SALDO

Nº	Data	Entradas	Saídas	Descrição	SALDO

Nº	Data	Entradas	Saídas	Descrição	SALDO

Nº	Data	Entradas	Saídas	Descrição	SALDO

Nº	Data	Entradas	Saídas	Descrição	SALDO

Nº	Data	Entradas	Saídas	Descrição	SALDO

Nº	Data	Entradas	Saídas	Descrição	SALDO

Nº	Data	Entradas	Saídas	Descrição	SALDO

Nº	Data	Entradas	Saídas	Descrição	SALDO

Nº	Data	Entradas	Saídas	Descrição	SALDO

Nº	Data	Entradas	Saídas	Descrição	SALDO

Nº	Data	Entradas	Saídas	Descrição	SALDO

Nº	Data	Entradas	Saídas	Descrição	SALDO

Nº	Data	Entradas	Saídas	Descrição	SALDO

Nº	Data	Entradas	Saídas	Descrição	SALDO

Nº	Data	Entradas	Saídas	Descrição	SALDO

Nº	Data	Entradas	Saídas	Descrição	SALDO

Nº	Data	Entradas	Saídas	Descrição	SALDO

Nº	Data	Entradas	Saídas	Descrição	SALDO

Nº	Data	Entradas	Saídas	Descrição	SALDO

Nº	Data	Entradas	Saídas	Descrição	SALDO

Nº	Data	Entradas	Saídas	Descrição	SALDO

Nº	Data	Entradas	Saídas	Descrição	SALDO

Nº	Data	Entradas	Saídas	Descrição	SALDO

Nº	Data	Entradas	Saídas	Descrição	SALDO

Nº	Data	Entradas	Saídas	Descrição	SALDO

Nº	Data	Entradas	Saídas	Descrição	SALDO

Nº	Data	Entradas	Saídas	Descrição	SALDO

Nº	Data	Entradas	Saídas	Descrição	SALDO

Nº	Data	Entradas	Saídas	Descrição	SALDO

Nº	Data	Entradas	Saídas	Descrição	SALDO

Nº	Data	Entradas	Saídas	Descrição	SALDO

Nº	Data	Entradas	Saídas	Descrição	SALDO

Nº	Data	Entradas	Saídas	Descrição	SALDO

Nº	Data	Entradas	Saídas	Descrição	SALDO

Nº	Data	Entradas	Saídas	Descrição	SALDO

Nº	Data	Entradas	Saídas	Descrição	SALDO

Nº	Data	Entradas	Saídas	Descrição	SALDO

Nº	Data	Entradas	Saídas	Descrição	SALDO

Nº	Data	Entradas	Saídas	Descrição	SALDO

Nº	Data	Entradas	Saídas	Descrição	SALDO

Nº	Data	Entradas	Saídas	Descrição	SALDO

Nº	Data	Entradas	Saídas	Descrição	SALDO

Nº	Data	Entradas	Saídas	Descrição	SALDO

Nº	Data	Entradas	Saídas	Descrição	SALDO

Nº	Data	Entradas	Saídas	Descrição	SALDO

Nº	Data	Entradas	Saídas	Descrição	SALDO

Nº	Data	Entradas	Saídas	Descrição	SALDO

Nº	Data	Entradas	Saídas	Descrição	SALDO

Nº	Data	Entradas	Saídas	Descrição	SALDO

Nº	Data	Entradas	Saídas	Descrição	SALDO

Nº	Data	Entradas	Saídas	Descrição	SALDO

Nº	Data	Entradas	Saídas	Descrição	SALDO

Nº	Data	Entradas	Saídas	Descrição	SALDO

Nº	Data	Entradas	Saídas	Descrição	SALDO

Nº	Data	Entradas	Saídas	Descrição	SALDO

Nº	Data	Entradas	Saídas	Descrição	SALDO

Nº	Data	Entradas	Saídas	Descrição	SALDO

Nº	Data	Entradas	Saídas	Descrição	SALDO

Nº	Data	Entradas	Saídas	Descrição	SALDO

Nº	Data	Entradas	Saídas	Descrição	SALDO

Nº	Data	Entradas	Saídas	Descrição	SALDO

Nº	Data	Entradas	Saídas	Descrição	SALDO

Nº	Data	Entradas	Saídas	Descrição	SALDO

Nº	Data	Entradas	Saídas	Descrição	SALDO

Nº	Data	Entradas	Saídas	Descrição	SALDO

Nº	Data	Entradas	Saídas	Descrição	SALDO

Nº	Data	Entradas	Saídas	Descrição	SALDO

Nº	Data	Entradas	Saídas	Descrição	SALDO

Nº	Data	Entradas	Saídas	Descrição	SALDO

Nº	Data	Entradas	Saídas	Descrição	SALDO

Nº	Data	Entradas	Saídas	Descrição	SALDO

Nº	Data	Entradas	Saídas	Descrição	SALDO

Nº	Data	Entradas	Saídas	Descrição	SALDO

Nº	Data	Entradas	Saídas	Descrição	SALDO

Nº	Data	Entradas	Saídas	Descrição	SALDO

Nº	Data	Entradas	Saídas	Descrição	SALDO

Nº	Data	Entradas	Saídas	Descrição	SALDO
Nº	Data	Entradas	Saídas	Descrição	SALDO

Nº	Data	Entradas	Saídas	Descrição	SALDO

Nº	Data	Entradas	Saídas	Descrição	SALDO

Nº	Data	Entradas	Saídas	Descrição	SALDO

Nº	Data	Entradas	Saídas	Descrição	SALDO

Nº	Data	Entradas	Saídas	Descrição	SALDO

Nº	Data	Entradas	Saídas	Descrição	SALDO

Nº	Data	Entradas	Saídas	Descrição	SALDO

Nº	Data	Entradas	Saídas	Descrição	SALDO

Nº	Data	Entradas	Saídas	Descrição	SALDO

Nº	Data	Entradas	Saídas	Descrição	SALDO

Nº	Data	Entradas	Saídas	Descrição	SALDO

Nº	Data	Entradas	Saídas	Descrição	SALDO

Página 77/110

Nº	Data	Entradas	Saídas	Descrição	SALDO

Nº	Data	Entradas	Saídas	Descrição	SALDO

Nº	Data	Entradas	Saídas	Descrição	SALDO

Nº	Data	Entradas	Saídas	Descrição	SALDO

Nº	Data	Entradas	Saídas	Descrição	SALDO

Nº	Data	Entradas	Saídas	Descrição	SALDO

Nº	Data	Entradas	Saídas	Descrição	SALDO

Nº	Data	Entradas	Saídas	Descrição	SALDO

Nº	Data	Entradas	Saídas	Descrição	SALDO

Nº	Data	Entradas	Saídas	Descrição	SALDO

Nº	Data	Entradas	Saídas	Descrição	SALDO

Nº	Data	Entradas	Saídas	Descrição	SALDO

Nº	Data	Entradas	Saídas	Descrição	SALDO

Nº	Data	Entradas	Saídas	Descrição	SALDO

Nº	Data	Entradas	Saídas	Descrição	SALDO

Nº	Data	Entradas	Saídas	Descrição	SALDO

Nº	Data	Entradas	Saídas	Descrição	SALDO

Nº	Data	Entradas	Saídas	Descrição	SALDO

Nº	Data	Entradas	Saídas	Descrição	SALDO

Nº	Data	Entradas	Saídas	Descrição	SALDO

Nº	Data	Entradas	Saídas	Descrição	SALDO

Nº	Data	Entradas	Saídas	Descrição	SALDO

Nº	Data	Entradas	Saídas	Descrição	SALDO

Nº	Data	Entradas	Saídas	Descrição	SALDO

Nº	Data	Entradas	Saídas	Descrição	SALDO

Nº	Data	Entradas	Saídas	Descrição	SALDO

Nº	Data	Entradas	Saídas	Descrição	SALDO

Nº	Data	Entradas	Saídas	Descrição	SALDO

Nº	Data	Entradas	Saídas	Descrição	SALDO

Nº	Data	Entradas	Saídas	Descrição	SALDO

Nº	Data	Entradas	Saídas	Descrição	SALDO

Nº	Data	Entradas	Saídas	Descrição	SALDO

Nº	Data	Entradas	Saídas	Descrição	SALDO

Nº	Data	Entradas	Saídas	Descrição	SALDO

Nº	Data	Entradas	Saídas	Descrição	SALDO

Nº	Data	Entradas	Saídas	Descrição	SALDO

Nº	Data	Entradas	Saídas	Descrição	SALDO

Página 99/110

Nº	Data	Entradas	Saídas	Descrição	SALDO

Nº	Data	Entradas	Saídas	Descrição	SALDO

Nº	Data	Entradas	Saídas	Descrição	SALDO

Nº	Data	Entradas	Saídas	Descrição	SALDO

Nº	Data	Entradas	Saídas	Descrição	SALDO

Nº	Data	Entradas	Saídas	Descrição	SALDO

Nº	Data	Entradas	Saídas	Descrição	SALDO

Nº	Data	Entradas	Saídas	Descrição	SALDO

Nº	Data	Entradas	Saídas	Descrição	SALDO

Nº	Data	Entradas	Saídas	Descrição	SALDO

Nº	Data	Entradas	Saídas	Descrição	SALDO

Nº	Data	Entradas	Saídas	Descrição	SALDO

Nº	Data	Entradas	Saídas	Descrição	SALDO

Nº	Data	Entradas	Saídas	Descrição	SALDO

Nº	Data	Entradas	Saídas	Descrição	SALDO

Nº	Data	Entradas	Saídas	Descrição	SALDO

Nº	Data	Entradas	Saídas	Descrição	SALDO

Nº	Data	Entradas	Saídas	Descrição	SALDO

Nº	Data	Entradas	Saídas	Descrição	SALDO

Nº	Data	Entradas	Saídas	Descrição	SALDO

Nº	Data	Entradas	Saídas	Descrição	SALDO

Nº	Data	Entradas	Saídas	Descrição	SALDO

Nº	Data	Entradas	Saídas	Descrição	SALDO

www.ingramcontent.com/pod-product-compliance
Lightning Source LLC
Chambersburg PA
CBHW081006170526

45158CB00010B/2934